D1935762

Konzeption, Redaktion & Satz: Larissa Leibrock

2. Auflage 2009

© 2009 Esslinger Verlag J.F. Schreiber
Anschrift: Postfach 10 03 25, 73703 Esslingen
www.esslinger-verlag.de
Alle Rechte vorbehalten
Text: Dr. Isabel Heim
Illustration: Syl Hillier (www.tapetentiere.de)
Layout: Jenny Alber
ISBN 978-3-480-22438-8

Rüssel, Tatze und Popo

Dr. Isabel Heim
Mit Illustrationen von Syl Hillier

esslinger

Mit unseren Händen können wir greifen, mit den Augen sehen und mit den Ohren hören.
Doch wie nutzen Tiere ihre Sinne? Sie können vieles was wir auch können und sogar noch viel mehr! So kann das Breitmaulnashorn seine Ohrmuscheln in alle Richtungen drehen und der afrikanische Elefant kann über seine großen Ohren Wärme abgeben. Die Pfoten der Katze sind so gut gepolstert, dass sie sich ganz leise an ihre Beute anschleichen kann und das Eichhörnchen springt mit seinen kräftigen Hinterbeinen mühelos von Ast zu Ast. Die meisten Tiere haben zwei Augen, doch die kleine Springspinne hat acht, mit denen sie ihre Beute schnell erspähen kann.
Komm mit auf eine spannende Entdeckungsreise und lerne die Tiere einmal von einer ganz anderen Seite kennen: von vorne, von hinten ... und vor allem ganz nah dran!

*Alle Wörter mit einem * werden im Glossar auf Seite 74 noch einmal ganz genau erklärt.*

Inhalt

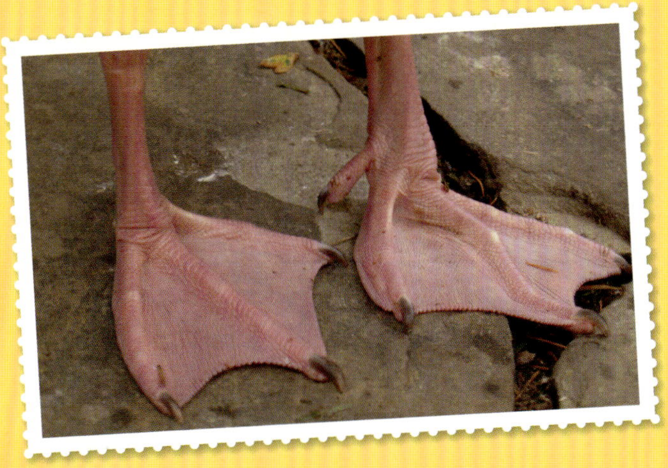

Aus dem Weg – die Füße kommen! 42

Schnauze, Schnabel und Co. 52

Wer hat den dicksten Popo? 64

Schnüffel, schnüffel ...

Welche Nase riecht am besten?

Nasen sind zum Riechen da, oder? Das ist richtig, aber Tiere nutzen ihre Nasen auch zu ganz anderen Zwecken, zum Beispiel als Werkzeug. So ergreift der Elefant seine Nahrung mit dem Rüssel und das Schwein kann mit der Nase den Boden nach Fressen durchwühlen. Der Sternmull aus der Familie der Maulwürfe hat um seine Nasenlöcher 22 kleine Fortsätze, die er zum Tasten benutzt.

Gute Nasen!

Frischer Kuchen duftet – mit der Riechschleimhaut in unserer Nase können wir ihn riechen und wissen genau, wo er steht.
Auch Tiere finden mit der Nase ihre Nahrung. Doch Riechen ist für sie mehr als nur Futtersuche. Wenn sie an einer Stelle vorbeikommen, an der ein anderes Tier Kot* oder Harn* hinterlassen hat, können sie erschnüffeln, wie alt das Tier ist und ob es ein Männchen oder ein Weibchen ist.
Oft kann man Hunde oder Katzen sehen, die flehmen*. Das heißt, sie wittern mit leicht geöffnetem Maul einen besonderen Geruch. Diese Duftstoffe werden jedoch nicht mit der Nase gerochen, sondern mit dem Jacobsonschen Organ*, das am Gaumen sitzt.

▲ Aale können hervorragend riechen. Um den Ort ihrer Geburt wieder zu finden, sind die Fische bis zu anderthalb Jahre unterwegs. Dabei folgen sie nur ihrem Geruchssinn*.

Haie können ein verletztes Beutetier auf sehr große Entfernung riechen. Sogar ein blinder Hai würde sein Fressen allein mithilfe seiner Nase finden.

◀ *Für die Trüffelsuche werden sehr häufig weibliche Schweine eingesetzt. Die Sau kann die unter der Erde wachsenden Speisepilze deshalb so gut finden, weil diese genau wie ein Eber riechen.*

Hunde können mit ihrer Nase viele Dinge riechen, die wir Menschen gar nicht wahrnehmen können. Deshalb werden viele Hunde zum Spürhund ausgebildet. Sie helfen zum Beispiel der Polizei, vermisste Personen, Drogen oder Sprengstoff zu finden.

Lustige Nasen

Die Nasen von Tieren können ganz unterschiedlich aussehen: Manche sind sehr klein und rund, andere lang und spitz, manche sind ziemlich groß und andere sogar bunt gefärbt. Einige Tiere haben sehr lustige Nasen. Die des männlichen Nasenaffen ist zum Beispiel groß und gurkenförmig und das ranghöchste Männchen der Mandrills beeindruckt mit einer intensiv blau-rot gefärbten Nase.

▲ *Der Mandrill lebt im tropischen Regenwald von Afrika. Seine Nase ist besonders auffällig gefärbt. Wird das ranghöchste Männchen von einem anderen Affen geärgert, leuchten die Farben Rot und Blau noch kräftiger.*

◀ *Bei den See-Elefanten haben nur die Männchen eine sehr große Nase. Sind die Bullen ausgewachsen, ist die Nase so groß, dass sie über das Maul nach unten hängt. In der Paarungszeit* ist die Nase sogar noch größer! Die Männchen blasen sie auf, um die Weibchen zu beeindrucken.*

▶ Ameisenigel sind Säugetiere, die in Australien und Neuguinea leben. Mit der langen spitzen Nase suchen sie nach Nahrung. Mit ihrem kleinen Mund können sie aber nur Ameisen, Termiten und Regenwürmer fressen.

▼ Die Nasenaffen bewohnen die Regen- und Mangrovenwälder Borneos. Die Männchen haben eine sehr lange, gurkenförmige Nase, mit der sie die Weibchen in der Paarungszeit* beeindrucken. Diese haben allerdings, genauso wie die Jungtiere, eine wesentlich kleinere Stupsnase.

Verwandte Nasen

Der *Elefant* hat einen langen kräftigen Rüssel. Mit ihm kann er sehr gut riechen, aber auch greifen und tasten. Die *Seekuh* dagegen lebt im Meer und sucht dort in Küstennähe nach Pflanzen. Dabei kann ihr ihre Nase aber nicht mehr helfen, da ihr Geruchssinn* verkümmert ist. *Klippschliefer* leben in Afrika. Wie beim Elefanten wachsen ihre Oberzähne immer wieder nach. *Elefantenspitzmäuse* gehören zu den sogenannten Rüsselspringern und sind nicht mit den europäischen Spitzmäusen verwandt. Obwohl all diese Tiere so unterschiedlich sind, haben Biologen anhand des Erbgutes* herausgefunden, dass sie eng miteinander verwandt sind. Sie alle haben einen gemeinsamen Vorfahren, der vor 80 Millionen Jahren, also vor unvorstellbar langer Zeit, in Afrika lebte.

▲ *Klippschliefer haben eine gewisse Ähnlichkeit mit Murmeltieren. Sie sind etwa so groß wie Kaninchen und ernähren sich von Pflanzen.*

▼ *Der Elefantenrüssel ist eine Mischung aus Nase und Oberlippe. Mit ihm kann der Elefant sehr gut riechen, aber auch nach Nahrung greifen und tasten.*

▶ Die Elefantenspitzmaus lebt in Afrika, südlich von der Sahara. Sie hat eine rüsselartig verlängerte Nase, die sehr beweglich ist. Mit ihr sucht sie nachts nach Insekten und fressbaren Pflanzen.

▼ Seekühe sind Säugetiere, die ausschließlich im Meer leben und in Küstennähe nach pflanzlicher Nahrung suchen. Da sie ihre Nase dafür nicht brauchen, ist ihr Geruchssinn* nur sehr schwach entwickelt.

Ohne Nase riechen

Um Gerüche wahrnehmen zu können, brauchen Tiere nicht unbedingt eine Nase. Schlangen nehmen den Duft eines Beutetiers vorwiegend mit ihrer gespaltenen Zunge auf. Mithilfe des Jacobsonschen Organs* können sie dann feststellen, welches Beutetier die Duftspur hinterlassen hat oder wann es vorbeigekommen ist.

Der Seidenspinner, ein Schmetterling, der vor allem in China lebt, nutzt zum Riechen seine gefächerten Antennen. Mit ihnen kann er sogar die schwächste Duftspur erschnuppern, die ein Schmetterlingsweibchen abgegeben hat, das zur Paarung* bereit ist.

Der Kolbenwasserkäfer dagegen benutzt zum Riechen die Taster seiner Mundwerkzeuge, die extra für diesen Zweck verlängert sind.

▶ *Eine Ringelnatter*

Guck mal ...

hat der schöne Augen!

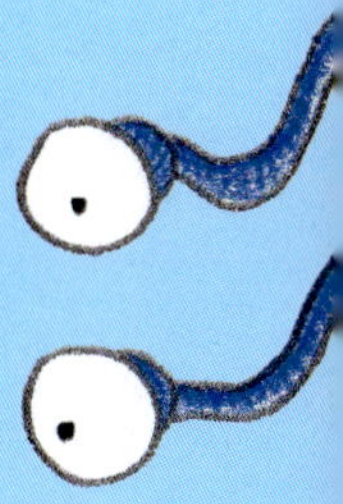

Damit unsere Augen sehen können brauchen sie Licht. Tiere, die nachts jagen, finden sich jedoch trotz Dunkelheit sehr gut zurecht. Das liegt daran, dass sie schon geringe Lichtmengen zum Sehen nutzen können. Im Tierreich gibt es ganz unterschiedliche Augen: Manche können nur hell und dunkel unterscheiden, andere erspähen ihre Beute noch aus vielen Metern Entfernung.

Wo sind die Augen?

Augen sind für viele Tiere unglaublich wichtig. Raubtiere*, wie Löwen oder Wölfe, haben Augen, die nach vorne gerichtet sind. So können sie gut in die Ferne sehen und Abstände abschätzen. Bei ihrer Beute, zum Beispiel bei Rehen oder Antilopen, sitzen die Augen dagegen meist seitlich am Kopf. Dadurch haben sie ihre ganze Umgebung im Blick und können bei Gefahr schnell fliehen. Aber nicht immer sind die Augen eines Tieres auf den ersten Blick zu sehen. Entdeckst du sie?

▲ *Fledermäuse haben sehr kleine, schwarze Augen. Mit ihnen sehen sie ihre Umwelt in schwarz und weiß.*

◀ Wenn der Gabelschwanzraupe Gefahr droht, zieht sie ihren Kopf ein und streckt dem Feind den roten Bereich darum herum mit den Scheinaugen* entgegen. So wirkt sie viel größer und kann ihren Feind in die Flucht schlagen.

▶ Perlboote gibt es schon seit vielen Millionen Jahren. Sie leben vor allem im Pazifischen Ozean und kommen nachts aus ihren Verstecken um zu fressen. Ihre großen Augen liegen direkt unter der Kopfkappe.

Diesem Alpaka wächst so viel Fell im Gesicht, dass seine Augen kaum zu sehen sind.

Scharfe Augen

Tiere, die ihre Beute aus der Luft oder bei Nacht jagen, müssen besonders gut sehen. So kann ein Falke sogar noch aus 400 Metern Höhe eine Maus erspähen. Das ist so ähnlich, wie wenn du auf dem Dach eines Hochhauses stehst und nach unten schaust. Eulen haben im Gegensatz zu den Greifvögeln große, nach vorne gerichtete Augen. Mit ihnen können sie erkennen, wie schnell ein Beutetier sich bewegt oder wie weit es entfernt ist.

Viele Tiere, die bei Nacht jagen, haben eine besondere Schicht in ihrem Auge, die sogenannte *Tapetum lucidum*. Sie wirft selbst geringe Lichtmengen noch einmal zurück ins Auge. Dadurch haben die Tiere eine wesentlich bessere Nachtsicht – sie können also auch im Dunkeln sehr gut sehen.

▶ *Katzen gehen meist in der Dämmerung oder nachts auf die Jagd. Sie sehen ihre Umgebung in Grau-, Blau- und Grüntönen. Rot können sie gar nicht sehen.*

▶ Die Augen von Eulen sind unbeweglich. Dafür können sie ihren Kopf fast einmal im Kreis herumdrehen. So sehen sie auch, was hinter ihrem Rücken passiert.

▶ Falken können auch UV-Licht* wahrnehmen. Da Mäuse-Urin* in diesem Farbbereich leuchtet, weiß der Falke genau, auf welcher Wiese Mäuse leben. Hier lohnt sich die Jagd!

Besondere Augen

Die Augen von Tieren können ganz unterschiedlich aussehen.
Es gibt kleine Tiere mit riesigen Glubschaugen und große Tiere, deren Augen winzig klein sind. Tiere, die unter der Erde leben und sehr selten das Sonnenlicht sehen, haben meist sehr kleine und verkümmerte Augen.
Manche Tiere, wie zum Beispiel viele Spinnen, haben sogar mehrere Augen. Bei der Seezunge, einem in der Nordsee lebenden Fisch, sitzen die Augen sehr nahe beieinander auf einer Körperseite.

▲ *Koboldmakis sind in Südostasien beheimatet. Weil sie tagsüber schlafen und nachts jagen, haben sie besonders große Augen. Sie ernähren sich von Insekten und ihren Larven.*

Auch ein Regenwurm kann sehen. Allerdings besitzt er keine Augen, sondern Lichtsinneszellen*, die sich vor allem am Kopf- und Hinterende des Wurmes befinden. Mit ihnen kann er hell und dunkel unterscheiden.

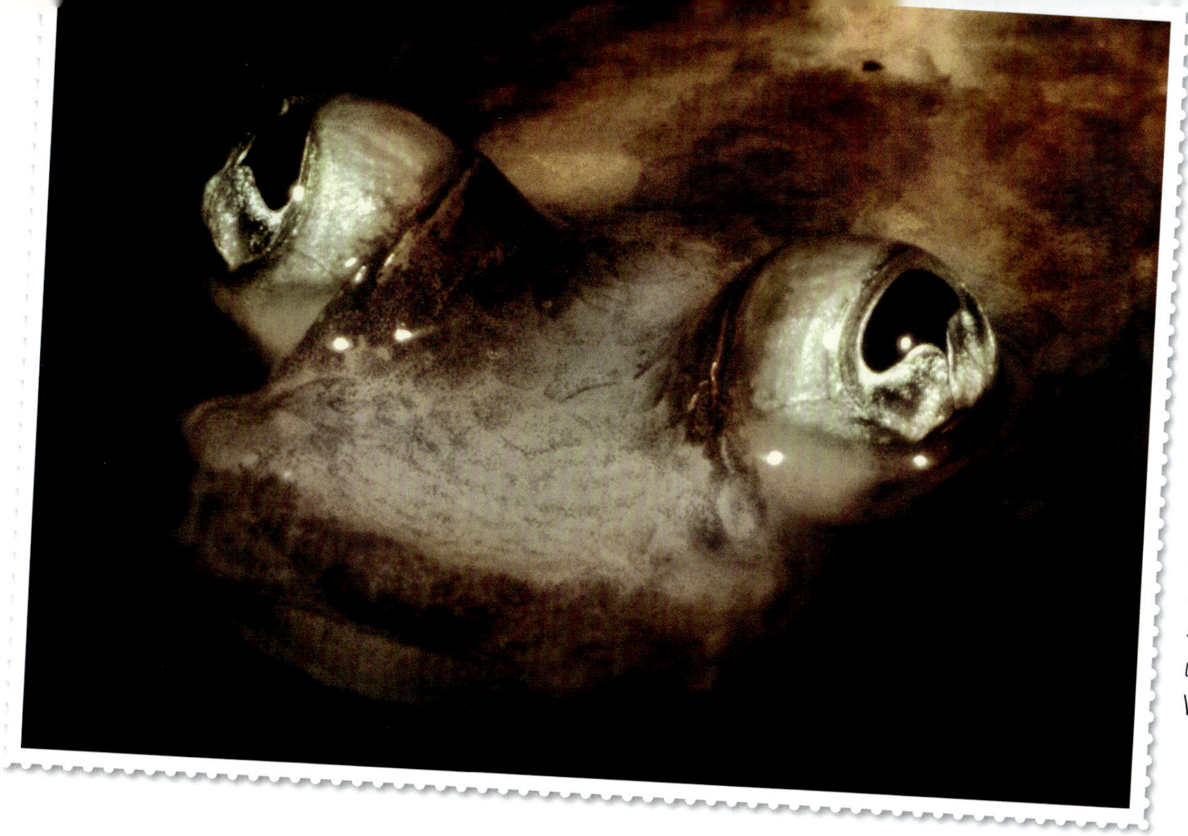

◀ Vieraugen sind Fische, die in den flachen Küstengewässern Brasiliens und Mittelamerikas leben. Die meiste Zeit ihres Lebens verbringen sie an der Wasseroberfläche. Ihre Augen sind zweigeteilt. So können sie gleichzeitig sowohl über, als auch unter Wasser scharf sehen.

▶ Weinbergschnecken haben vier Fühler: zwei kurze, mit denen sie tasten können und zwei lange, auf denen die Augen sitzen. Bei Gefahr können sie die Fühler mitsamt den Augen einziehen.

▶ Die meisten heimischen Spinnen haben acht Augen. Bei der Springspinne sind die beiden mittleren Augen besonders groß. Mit diesen können sie sehr gut sehen und so ihre Beute erspähen und mit einem Sprung erlegen.

Facetten-augen

Die Augen von Gliederfüßern*, wie Libellen, Wespen oder Fliegen, werden als Facettenaugen* oder Komplexaugen* bezeichnet.
Sie sitzen seitlich am Kopf und sind annähernd halbkugelförmig. Bei räuberisch lebenden und schnell fliegenden Insekten sind die Augen fast so groß wie der Kopf. Facettenaugen sind starr und können nicht bewegt werden. Jedes Auge besteht aus vielen dicht zusammenstehenden Einzelaugen. Alle Einzelaugen zusammen zeigen dem Insekt seine Umgebung. Die Anzahl dieser Einzelaugen kann sehr unterschiedlich sein. Schnell fliegende Insekten, wie z.B. Libellen, können bis zu 30 000 Einzelaugen pro Komplexauge haben.

Leben im Dunkeln

Nicht alle Tiere benötigen zum Überleben ihre Augen. Einige verbringen ihr ganzes Leben in völliger Dunkelheit, zum Beispiel in Höhlen. An diese Umgebung sind sie hervorragend angepasst: Da sie blind sind, wurden andere Sinnesorgane*, wie zum Beispiel der Tastsinn*, stärker entwickelt. Und da sie sich nicht vor Sonnenlicht schützen müssen, haben sie eine durchsichtig scheinende, weiße Haut.

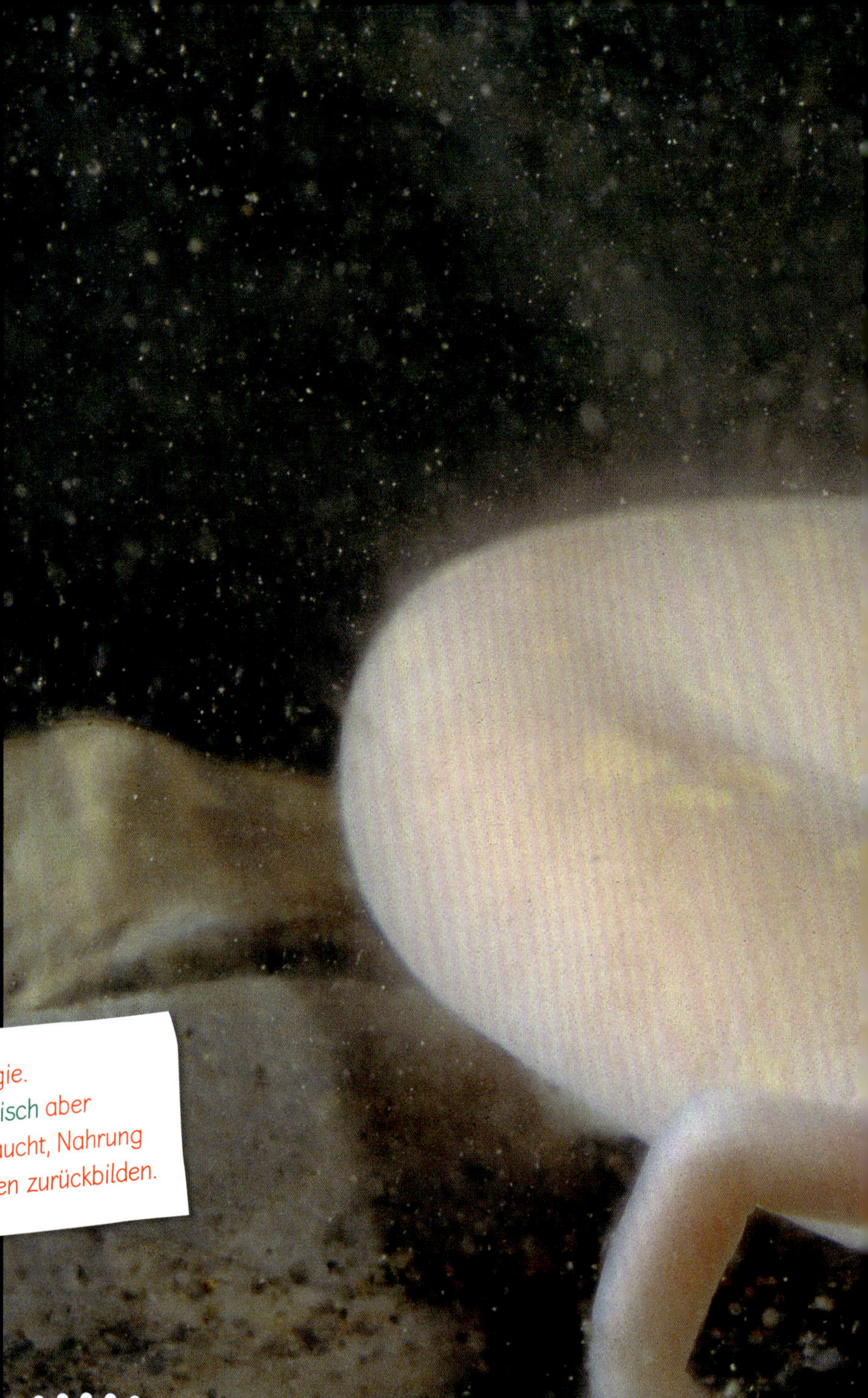

Augen verbrauchen viel Energie. Da der mexikanische Höhlenfisch aber fast seine ganze Energie dafür braucht, Nahrung zu erbeuten, musste er seine Augen zurückbilden.

▶ Um sich in ihrer dunklen Umgebung zurechtzufinden, können die blinden Höhlenfische kleinste Veränderungen in der Wasserströmung erkennen. Jungfische haben oft noch kleine sehtüchtige Augen, die sich aber mit zunehmendem Alter zurückbilden.

Früher glaubte man, dass Grottenolme Kinder von Drachen seien. Heute weiß man, dass sie zur Tiergruppe der Lurche gehören. Da sie blind sind, finden sie ihre Nahrung über ihren guten Geruchssinn*.

Spitz die Ohren …

und hör gut zu!

Die meisten Tiere sind auf ein sehr gutes Gehör angewiesen. Besonders große Ohren hat der Afrikanische Elefant. Mit ihnen kann er Töne von Artgenossen wahrnehmen, die der Mensch nicht hören kann, weil sie zu tief sind. Aber nicht die Größe der Ohren ist entscheidend. Viele Tiere haben kleine oder sogar gar keine Ohrmuscheln und können damit besser hören als wir Menschen.

Wo sind die Ohren?

Mit den Ohren können wir Geräusche, Töne und Laute wahrnehmen. Ein Ohr besteht aus Außen-, Mittel- und Innenohr. Normalerweise sieht man nur einen Teil des Außenohrs: die Ohrmuschel. Doch wie kommt nun ein Geräusch von der Ohrmuschel bis ins Innenohr?

Ein Geräusch oder ein Ton erzeugt sogenannte Schallwellen*. Durch die Luft oder durch Wasser gelangen diese Wellen in die Ohrmuschel, die sie zum Trommelfell weiterleitet. Treffen die Schallwellen auf das Trommelfell, wird es in Schwingung versetzt. Diese Schwingungen werden bis in das Innenohr weitergeleitet, in dem sich Sinneszellen befinden, die es uns erlauben, Töne und Laute wahrzunehmen. Wir haben zwei Ohren, damit wir erkennen können aus welcher Richtung ein Geräusch kommt. Manche Tiere haben gar keine Ohrmuschel. Weißt du trotzdem, wo die Ohren sitzen?

Die Ohren des Grünen Heupferds sitzen knapp unterhalb der Knie an den Vorderbeinen. Es hat aber keine Ohrmuscheln, sondern zwei schlitzförmige Öffnungen. Dahinter befinden sich dünne Häutchen, die den Schall weiterleiten können.

▼ *Wenn man einen Frosch oder eine Kröte genauer betrachtet, erkennt man runde Flecken hinter den Augen. Das ist das Trommelfell. Es vibriert, wenn Schallwellen* darauf treffen. In der Paarungszeit* ist das Gehör besonders wichtig, da Frösche mit lauten Rufen ihre Partner finden.*

▲ Die Ohren der Seehunde sitzen dicht hinter den Augen. Die kleinen Öffnungen können den Schall sehr gut aufnehmen. Da Seehunde keine Ohrmuscheln haben, kann das Wasser ohne Widerstand an ihrem Kopf vorbeiströmen.

▶ Das Haushuhn hat keine Ohrmuschel, sondern einen kreisrunden Gehöreingang. Er ist von der Ohrscheibe umgeben und mit kleinen Federn bedeckt. An der Ohrscheibe kann man erkennen, welche Farbe die Eier des Huhns haben. Eine dunkle Ohrscheibe bedeutet braune, eine helle weiße Eier.

Große Ohren, kleine Ohren

Tiere mit sehr großen Ohren hören normalerweise auch sehr gut. Mit den großen Ohrmuscheln können sie die leisesten Laute auffangen und auch weit entfernte Geräusche wahrnehmen. Aber auch viele Tiere, die nur kleine Ohren haben, haben ein sehr gutes Gehör. Die Ohrmuscheln sind nur deshalb so klein, damit sie dem Tier nicht im Weg sind. So würden große Ohren den Seehund sicherlich beim Schwimmen stören.

◄ Im Gegensatz zu seinen indischen Verwandten hat der Afrikanische Elefant viel größere Ohren. Wenn es in der afrikanischen Savanne zu heiß wird, kann er mit seinen Ohren wedeln und sich so abkühlen.

▲ Anders als der Seehund hat der Seelöwe kleine Ohrmuscheln. Diese kann er aber verschließen und unter Wasser trotzdem gut hören.

► Das Wasserschwein ist zwar das größte Nagetier der Erde, seine Ohren sind aber sehr klein.

▲ Das Breitmaulnashorn hat einen hervorragenden Gehör- und Geruchssinn*. Seine Ohren sehen aus wie kleine Röhren und können gedreht werden. So kann es den Schall aus allen Richtungen auffangen.

▲ Die langen Ohren des Feldhasen nennt man auch Löffel. Sie können bis zu 15 cm lang werden. Weil Hasen nicht so gut sehen, ist ihr guter Gehörsinn besonders wichtig für sie. Aber die Ohren haben an heißen Sommertagen auch noch eine andere Aufgabe: Weil die Ohrhaut so dünn ist, kann die Wärme dort entweichen und das Blut wird gut gekühlt.

Fuchsohren

Füchse gehören zur Familie der Hunde. Sie sind Einzelgänger und ernähren sich von Nagetieren, Insekten und Würmern.
Auf der Erde gibt es rund zwanzig verschiedene Fuchsarten – sie leben in Wäldern, Steppen und Wüsten. Ein besonderes Merkmal sind ihre Ohren, die oft ausgezeichnet an den jeweiligen Lebensraum angepasst sind. Füchse, die in der Wüste oder in der Steppe leben, haben große Ohren, um ihre Beute gut hören zu können und um Wärme abzugeben. Der Polarfuchs hingegen hat kleine Ohren, um so wenig wie möglich von seiner Körperwärme zu verlieren.

Der Wüstenfuchs braucht das ganze Jahr nicht zu trinken, da er seinen kompletten Bedarf an Wasser über die Nahrung decken kann.

▲ Der Rotfuchs lebt auf der gesamten nördlichen Erdhalbkugel. Da er weder dort lebt, wo es besonders heiß ist, noch dort, wo es sehr kalt ist, hat er weder besonders große noch besonders kleine Ohren.

▲ Der Wüstenfuchs, auch Fennek genannt, ist ein sehr zierlicher Fuchs. Er lebt in den Wüsten Nordafrikas und der arabischen Halbinsel. Da er nicht schwitzen kann, gibt er die Hitze seines Körpers über die großen Ohren ab.

▼ Der Polarfuchs lebt in Gebieten, die fast das ganze Jahr mit Schnee bedeckt sind. Seine Ohren sind klein und dicht behaart, damit er nicht zu viel Wärme an die kalte Umgebung verliert.

Mit den Ohren sehen

Es gibt Tiere, die mit den Ohren nicht nur hören, sondern auch sehen können. Dazu gehören zum Beispiel ein paar wenige Vögel, Fledermäuse und Delfine. Diese Tiere können sich auch in dunklen Höhlen problemlos zurechtfinden. Sie stoßen sehr hohe Laute aus – diese treffen auf ein Hindernis und werfen von dort ein Echo zurück. Die Tiere hören das Echo und erkennen so, was sich in ihrer Umgebung befindet und wie weit mögliche Hindernisse von ihnen entfernt sind. Je höher die Töne sind, die ausgestoßen werden, umso besser wird die Umgebung erkannt.

▲ Fledermäuse sind sehr gesellig und versammeln sich oft in großen Gruppen an ihren Schlafplätzen. Einige Fledermausarten haben ziemlich große Ohren. So können sie das Echo ihrer Töne besonders gut hören.

▶ Der Fettschwalm oder auch Guacharo genannt, lebt teilweise in vollkommen dunklen Höhlen in Südamerika. Er ist der einzige Nachtvogel, der sich von Früchten ernährt. Fliegt der Fettschwalm durch Höhlen, stößt er Klicklaute aus, die von den Wänden reflektiert werden. So kann er sich auch ohne Licht tief unter der Erde orientieren.

Obwohl sie gut sehen, senden auch Delfine Signale aus, die zum Beispiel von einem Beutetier abprallen und zurückgeworfen werden. Mithilfe dieser sogenannten Ultraschalltöne finden sie Fische und können sich im Dunkeln orientieren.*

Aus dem Weg ...

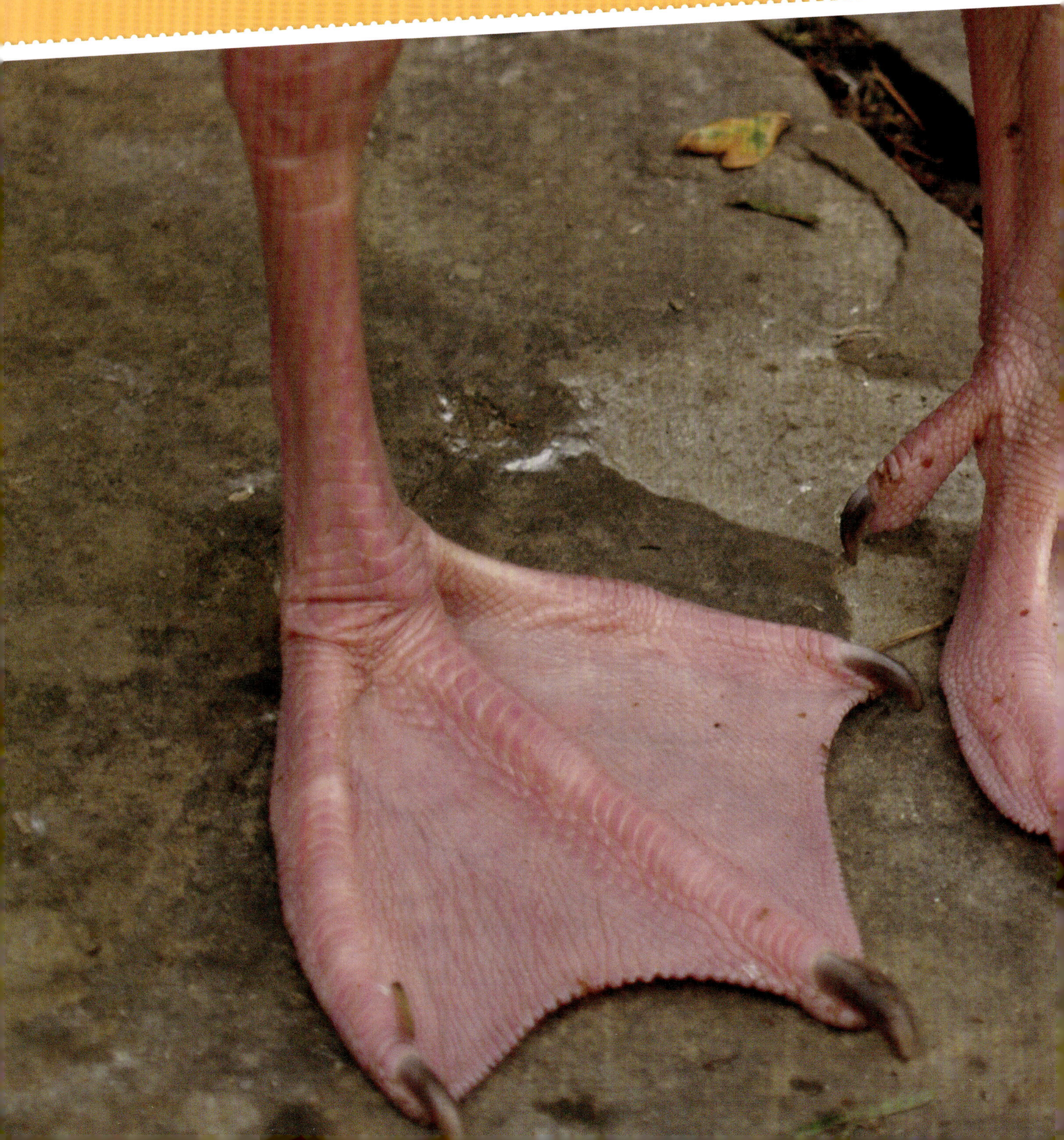

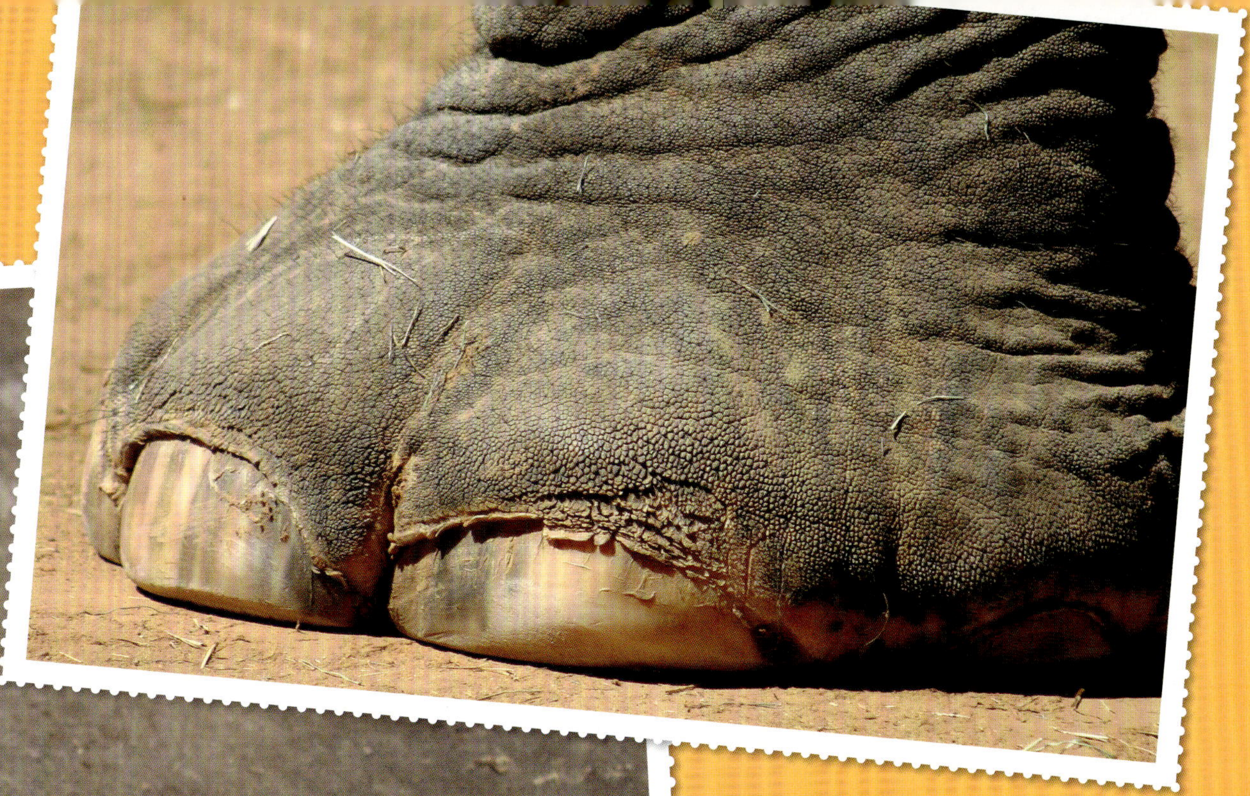

die Füße kommen!

Die Vorder- und Hinterfüße der meisten an Land lebenden Säugetiere* nennt man Tatzen, Pranken oder Pfoten. Es gibt aber auch Tiere mit Hufen, wie zum Beispiel Pferde, Schweine oder Giraffen. Die Vorderpfoten von Affen heißen wie auch beim Menschen Hände, die Hinterpfoten Füße.

Geschickte Füße

Die Füße von Tieren haben ganz unterschiedliche Aufgaben: Damit sich ein Tiger geräuschlos an seine Beute anschleichen kann, läuft er auf weichen gepolsterten Pfoten. Die Hinterfüße des Kängurus sind sehr lang, damit es weit springen kann und Tiere, die im oder auf dem Wasser leben, brauchen Schwimmhäute* zwischen den Zehen. Die meisten Tiere nutzen ihre Füße auch, um ihre Umgebung zu ertasten, wie zum Beispiel Krebse, Insekten und Spinnen. Besonders gut kann dies der Waschbär. Sein Tastsinn* in den Vorderpfoten ist so gut entwickelt, dass er sogar unter Wasser zwischen Steinen sein Futter finden kann. Viele Tiere fühlen aber nicht nur mit den Füßen, sondern auch mit anderen Körperteilen. Katzen haben zum Beispiel Tasthaare*, mit denen sie sich im Dunkeln zurechtfinden und Nahrung aufspüren können.

▲ Gänse haben drei Zehen mit Schwimmhäuten*. Damit kommen sie im Wasser gut vorwärts.

▶ Für Waschbären ist der Tastsinn* der wichtigste Sinn. Sie betasten ihr Futter ganz genau. Man sagt auch, sie können mit den Pfoten „sehen".

▶ Eichhörnchen sind geschickte Kletterer. Mit ihren Krallen halten sie sich am Baumstamm fest. So fallen sie nie herunter. Mit den kräftigen Hinterbeinen springen sie von Ast zu Ast.

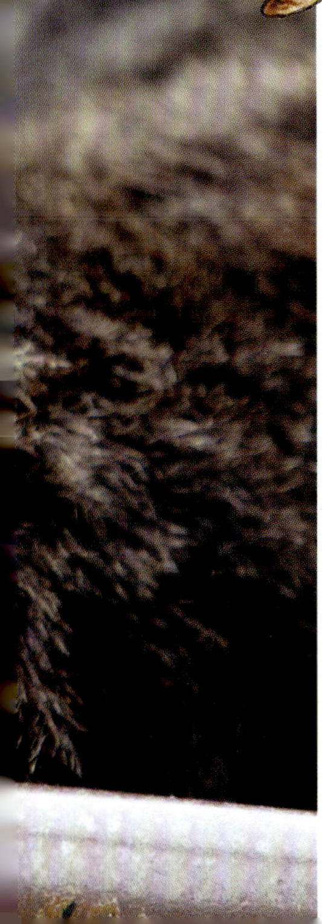

◀ Die Tatzen von Bären sind gut gepolstert. Mithilfe ihrer Krallen können die schweren Tiere sogar auf Bäume klettern.

Leise Jäger

Katzen sind Raubtiere*, die meist nachts auf die Jagd gehen. Geräuschlos lauern sie ihrer Beute auf oder schleichen sich nahe an sie heran. Dann überwältigen sie sie mit einem gezielten Sprung oder einem kurzen Sprint. Da sie auf den Zehenspitzen laufen, können sie sich sehr leise an ihre Beute anschleichen. Dabei helfen ihnen auch die gut gepolsterten Ballen an ihren Pfoten.

Der Gepard kann beim Verfolgen seiner Beute eine Geschwindigkeit von über 100 km/h erreichen.

▶ Ein Luchs

▲ Geparde sind in Afrika und Asien verbreitet. Als sehr schnelle Jäger bewohnen sie Savannen und Steppen. Hier stehen ihnen keine Bäume und Sträucher im Weg.

▲ Die Sohlenballen einer Katze sind sehr empfindlich. Mit ihren Pfoten können die wachsamen Tiere sogar geringe Erschütterungen, zum Beispiel von einem Beutetier, wahrnehmen.

▼ Der Tiger ist die größte aller Katzenarten. Seine Pfote kann durchschnittlich 11 cm breit und fast 14 cm hoch sein. Seine bis zu 10 cm langen Krallen kann er einziehen.

Allerlei Füße

Obwohl die meisten Tiere Füße haben, sehen diese ganz unterschiedlich aus: Manche sind sehr dicht behaart, andere ganz nackt, manche haben Saugnäpfe, andere Krallen. Diese Füße sind perfekt an die Bedürfnisse und den Lebensraum der Tiere angepasst. Mit ihnen suchen sie nach Futter, können vor Feinden fliehen oder auf Schnee laufen ohne einzusinken. Das Gürteltier kann mit den kräftigen Krallen an seinen Füßen nach Nahrung im Boden graben.

▲ Das Aye-Aye oder auch Fingertier genannt, lebt in Madagaskar. Seinen Namen hat das Fingertier von seinem langen Mittelfinger. Wie ein Specht klopft es die Rinde morscher Bäume ab, um Insekten zu finden und diese mit seinem langen Finger herauszupulen.

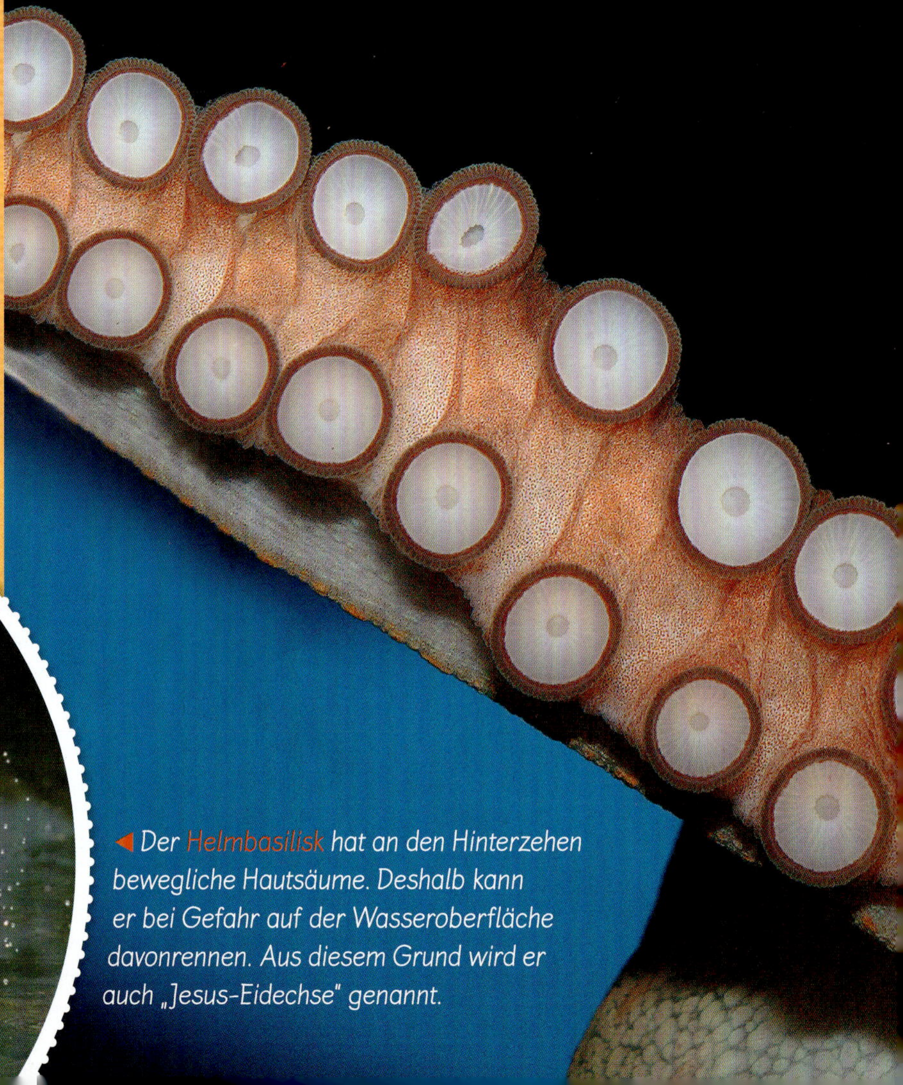

▶ Der Krake hat acht Arme, auf denen sich Saugnäpfe befinden. Mit ihnen kann er sich festhalten und seine Beute ergreifen.

◀ Der Helmbasilisk hat an den Hinterzehen bewegliche Hautsäume. Deshalb kann er bei Gefahr auf der Wasseroberfläche davonrennen. Aus diesem Grund wird er auch „Jesus-Eidechse" genannt.

◀ Die allermeisten Geckos gehen in der Dämmerung oder nachts auf die Jagd nach Insekten. Viele Geckos haben an ihrer Zehenunterseite sogenannte Haftlamellen*. Mithilfe dieser Haftlamellen können Geckos sich sogar kopfüber an Glas festhalten.

▶ Schneehühner haben im Gegensatz zu den meisten anderen Vögeln keine nackten Füße, sondern gefiederte, die wie Schneeschuhe funktionieren. Deshalb sinken sie im Schnee nicht ein und haben immer warme Füße.

Wer lief denn hier?

Tiere, die über feuchte Erde oder auf Schnee laufen, hinterlassen oft typische Fuß- oder Hufabdrücke. Aber man findet auch andere Spuren, wie zum Beispiel die Abdrücke von Schwanzfedern startender oder landender Vögel oder Schleimspuren von Schnecken. Anhand dieser Spuren kann man erkennen, welches Tier hier lief, aber auch, ob es sich langsam oder schnell fortbewegte. Findest du heraus wer hier vorbeikam?

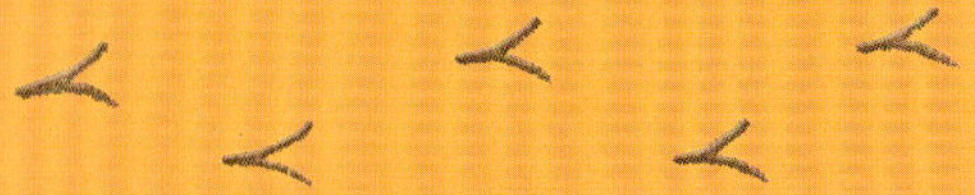

Eichhörnchen

Hase

Pferd

Wildschwein

Schnauze,

Schnabel und Co.

Maul, Schnabel, Mundwerkzeug, Schnauze – es gibt viele verschiedene Bezeichnungen für den Mund eines Tieres. Aber die Aufgabe ist immer die gleiche: Er muss Nahrung aufnehmen. Häufig dient der Mund auch dazu, gutes oder verdorbenes Essen voneinander zu unterscheiden.

Schmeckt's ?

Ob unsere Nahrung schlecht oder gut schmeckt, können wir mit den Geschmacksknospen* auf unserer Zunge erkennen.
Die meisten Wirbeltiere* können fünf verschiedene Geschmacksrichtungen unterscheiden: süß, sauer, salzig, bitter und umami*. Der Umamigeschmack ist vor allem in Milch, Käse und Fleisch zu finden. Eine besonders wichtige Geschmacksrichtung ist bitter, da viele ungenießbare oder giftige Nahrungsmittel bitter schmecken. Bei den Vögeln sitzen die Geschmacksknospen nicht auf der Zunge, sondern darunter und im Rachen. Bei den Fischen befinden sie sich sogar außerhalb der Mundhöhle, zum Beispiel an den Kiemen, den Barteln*, und sogar an den Flossen.

▲ *Vögel haben, im Gegensatz zu den Säugetieren*, nur sehr wenige Geschmacksknospen*. Die Taube ernährt sich von Samen, Früchten und weichen Pflanzenteilen. Da sie keine Bitterstoffe schmecken kann, ist die Taube bei Nahrungsmangel nicht wählerisch und frisst sogar Eicheln und Bucheckern.*

Fruchtfliegen haben besondere Geschmacksknospen*, mit denen sie Kohlensäure schmecken können. So weiß die Fliege genau, welches Obst gerade verfault und deshalb besonders gut schmeckt.

▶ *Kaninchen werden häufig mit Hasen verwechselt. Sie sind aber viel zierlicher und haben kürzere Ohren. Kaninchen fressen gerne Gras und Heu. Ihre Nagezähne wachsen ein Leben lang nach.*

▶ Mit ihren Bartfäden können die Welse ihre Umgebung ertasten. Gleichzeitig sitzen hier aber auch die Geschmacksknospen*, mit deren Hilfe der Fisch schon aus einiger Entfernung wahrnimmt, wo er etwas zu fressen findet.

◀ Pferde haben einen sehr feinen Geschmackssinn. Sie haben viel mehr Geschmacksknospen* als der Mensch. Von 450 verschiedenen Gras- und Kräuterarten fressen sie ungefähr die Hälfte nicht, weil sie genau wissen, dass sie giftig oder nicht gut genug sind.

Schnäbel

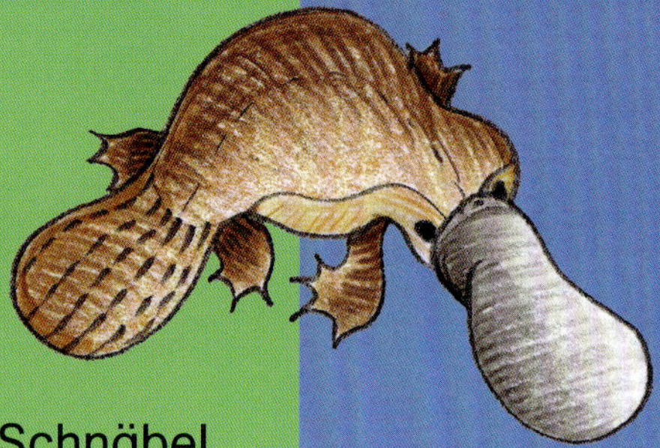

Nicht nur Vögel haben Schnäbel, sondern auch das Schnabeltier oder der Tintenfisch. Jeder Schnabel besteht entweder ganz aus Horn* oder ist damit überzogen. Mit ihm kann die Nahrung nicht zerkaut, sondern nur abgerissen werden. Viele Vögel besitzen deshalb einen muskulösen Magen, in dem sich Magensteine* befinden, die die Nahrung nach dem Schlucken zerkleinern. Das Schnabeltier hat Hornplatten, mit denen es seine Nahrung zermahlen kann und der Tintenfisch hat, wie die Weinbergschnecke, eine Raspelzunge*.

▼ *Der Swainson-Tukan lebt im tropischen Regenwald in Mittel- und Südamerika. Er hat einen riesigen Schnabel, mit dem er vor allem Früchte frisst. Aber auch kleine Tiere werden nicht verschmäht. Obwohl der Schnabel so groß ist, ist er sehr leicht und der Tukan kann sein Gleichgewicht halten.*

◀ *Der Schnabel der Stockente ist breit und abgeflacht. An den Schnabelrändern hat sie Hornleisten, mit denen sie kleine Tiere und Pflanzenteilchen aus dem Wasser filtern kann.*

▶ *Das Schnabeltier hat als einziges Säugetier einen Schnabel. Da es unter Wasser die Augen schließt, sitzen an seinem biegsamen Schnabel Sinneszellen, mit denen es seine Beute finden kann.*

◀ *Meeresschildkröten haben einen sehr kräftigen Schnabel. Diesen benötigen sie, da sie keine Zähne haben.*

Der Weißstorch hat einen langen, roten Schnabel. Auf feuchten Wiesen und an Teichen sucht er unter anderem nach Fröschen, Fischen und Mäusen. Kehrt der Storch nach der Futtersuche zu seinem Partner zurück, wird er mit lautem Schnabelklappern begrüßt.

Mundwerkzeuge

Einige Tiere haben keine Schnauze oder ein Maul, sondern Mundwerkzeuge, mit denen sie ihre Nahrung aufnehmen.

Bei den Insekten gibt es besonders viele verschiedene Mundwerkzeuge. So hat ein Schmetterling einen langen Rüssel, mit dem er Nektar aus Blüten aufnehmen kann. Die Stechmücke dagegen hat Stechborsten, mit denen sie problemlos unsere Haut durchdringt und unser Blut trinkt.

Der Taschenkrebs besitzt zwei große Scheren, mit denen er die Nahrung ergreifen und zerreißen kann. Die Beute wird dann in das Mundfeld gestopft, dort nochmals zerkleinert und gefressen.

Mit ihren großen Kieferklauen können Spinnen ihre Beute ergreifen. Gleichzeitig spritzen sie in die Wunde ein Gift, das das Beutetier tötet oder betäubt. Spinnen können ihre Nahrung nicht mit den Klauen zerkleinern. Deshalb wird Verdauungssaft in die Beute gespritzt. Das Opfer löst sich auf und die Spinne kann es aussaugen.

▲ *Die Wolfspinne lebt meist zwischen Steinen. Sie baut keine Fangnetze, sondern geht nachts auf die Jagd. An einer günstigen Stelle lauert sie bis ein Insekt vorbeikommt, das sie schnell ergreift und frisst.*

▲ Im tropischen Regenwald gibt es Ameisen, die sehr viel größer werden können als unsere heimischen Ameisen. Mit ihren großen Mundwerkzeugen verteidigen sie ihr Nest und erbeuten Nahrung.

▼ Auf den ersten Blick sieht das Taubenschwänzchen aus wie ein Kolibri. Aber es ist ein Schmetterling. An warmen Tagen kann man es mit seinem langen Rüssel in unseren Gärten nach Nektar suchen sehen.

Passt genau!

Es gibt viele verschiedene Formen von Schnauzen. Meist sind sie an die jeweilige Nahrung angepasst, die ein Tier bevorzugt aufnimmt. So hat der Ameisenbär eine röhrenförmige Schnauze mit einer langen, klebrigen Zunge, mit der er Ameisen und Termiten jagt. Da er hierfür keine Zähne braucht, besitzt er auch keine. Im Gegensatz dazu hat der Löwe Fang- und Reißzähne, damit er seine Beute töten und zerkleinern kann.

▲ Kolibris haben ganz unterschiedliche Schnäbel, die aber immer zu einer ganz bestimmten Blütenform passen.

▲ Der Große Ameisenbär ist ein Bodenbewohner. Er lebt in den Savannen und Waldgebieten von Mittel- und Südamerika. In seiner röhrenförmigen Schnauze sitzt eine lange, klebrige Zunge, mit der er Termiten, also ameisenähnliche Insekten, aufleckt.

Ohne Zunge schmecken

Die meisten Insekten haben keine Zunge mit der sie schmecken können. Dafür weiß die Stubenfliege aber sofort, wenn sie auf schmackhaftem Obst gelandet ist. Stubenfliegen können nämlich mit ihren Füßen schmecken. Auch Schmetterlinge können so zum Beispiel die ideale Futterpflanze für ihren Nachwuchs finden. Zusätzlich haben sie aber auch Geschmackssinneszellen* an ihrer Rüsselspitze und wissen damit genau, welche Blüte sich lohnt.

Der Schwarze Schwalbenschwanz ist in ganz Nordamerika verbreitet. Normalerweise bevorzugt er offene Landschaften, aber man findet ihn auch in Großstädten.

▲ *Ein Schwarzer Schwalbenschwanz*

Wer hat den dicksten ...

Popo?

Die Hinterteile der verschiedenen Tiere sind nicht unbedingt dick – aber sie erfüllen ihren Zweck. So werden hier zum Beispiel die Teile der Nahrung, die ein Tier nicht verdauen kann, wieder ausgeschieden. Das wiederum ist für viele Tiere wichtig, die ihr Revier* markieren. Und um den Weibchen zu gefallen, zeigen manche Tiere ihren Popo von seiner schönsten Seite!

Allerlei Schwänze

Je nachdem zu welchem Tier er gehört, kann ein Popo ganz unterschiedlich aussehen. Er kann glatt, haarig, bunt, gestreift oder einfarbig sein. An vielen Hinterteilen sitzt ein Schwanz. Der kann sehr kurz, aber auch ganz schön lang sein. Mit seiner Hilfe können sich viele Tiere untereinander verständigen. Wenn zum Beispiel ein Hund mit dem Schwanz wedelt, zeigt er, dass er sich freut. Klammeraffen nutzen ihren Schwanz sogar als dritte Hand. Mit der haarlosen Unterseite können sie ihre Nahrung greifen und ertasten.

▲ *Nicht alle Schweine haben einen Ringelschwanz. Viele Hausschweine und auch Wildschweine haben gerade Schwänze. Sie werden, wie bei Hund und Katze, zur Körpersprache verwendet.*

▼ *Der Schwanz des Kängurus ist lang und kräftig. Er wird als Stütze benutzt, hilft dem Känguru aber auch beim Hüpfen. Mit ihm kann es in die richtige Richtung steuern und das Gleichgewicht halten.*

▲ *Der Streifenskunk (auch Stinktier genannt) ist ein Allesfresser, der in Nordamerika lebt. Wird er bedroht, verspritzt er eine streng riechende Flüssigkeit. Er kann seine Angreifer noch in zwei bis drei Metern Entfernung treffen.*

▶ Den Schwanz eines Pferdes nennt man Schweif. Mit ihm verscheucht das Pferd Fliegen und andere störende Insekten.

▶ Der Katta ist so groß wie eine Hauskatze und lebt in Madagaskar. Sein auffällig schwarz-weiß geringelter Schwanz ist länger als er selbst. Mit seiner Hilfe kann er beim Springen das Gleichgewicht halten. Läuft der Katta auf dem Boden, wird der Schwanz als Erkennungssignal in die Höhe gestreckt.

Feder-Popos

Bei vielen Vogelarten haben die Männchen ein besonders farbenfrohes und prächtiges Federkleid. Mit langen Schwanzfedern und bunten Farbtönen möchten sie die Weibchen beeindrucken. Betrachtet man die schillernden Tiere jedoch von hinten, sehen sie ganz unscheinbar aus. Die bunten Federn sind auf der Rückseite nämlich in zurückhaltenden Brauntönen gefärbt. Bei den Weibchen ist der Unterschied nicht so deutlich, da diese ohnehin meist braun gefärbt sind, damit sie möglichst wenig auffallen und unentdeckt ihre Jungen groß ziehen können.

▲ *Stockenten lieben es, kopfüber im Wasser nach Nahrung zu gründeln*. Die männliche Ente, den Erpel, erkennt man am metallisch grünen Kopf und den Schwanzfedern, den sogenannten Erpellocken. Die Weibchen sind dagegen braun gefärbt.*

◀ *Die größten Hühnervögel sind die Truthühner. Sie leben in Nordamerika. Um die Truthenne zu beeindrucken, spreizen die Hähne ihr Gefieder und geben kullernde Laute von sich.*

▶ Die größten Papageien sind die in Zentral- und Südamerika vorkommenden Aras. Ihre Schwanzfedern sind auf der Innenseite genauso farbenfroh wie außen. Bei ihnen kann man am Gefieder nicht erkennen, ob der Vogel ein Weibchen oder ein Männchen ist.

▶ Dieser Pfauenhahn beeindruckt die Henne mit einer Schleppe aus blaugrünen Federn, die er zu einem fächerförmigen Rad aufstellen kann. Sein eigentlicher Schwanz ist viel kürzer und unauffällig braun.

Das ist mein Revier!

Jedes Tier ist in einem bestimmten Gebiet zu Hause, in dem es lebt und jagt. Die Grenzen dieses Reviers* markiert das Tier mit Duftmarken, also mit Kot* oder Harn*. An dem Duft erkennen andere Tiere, dass das Revier bereits bewohnt wird – sie müssen weiterziehen. Werden diese Zeichen missachtet, kann es zum heftigen Kampf kommen, bei dem der Gewinner das Revier erhält. Die Größe eines Reviers ist von Tier zu Tier unterschiedlich. Vögel markieren ihr Revier nicht mit Duftmarken*, sondern mit ihrem Gesang.

▲ Breitmaulnashörner laufen jeden Tag ihr Revier ab und hinterlassen immer an denselben Stellen ihren Dung. Nach einiger Zeit können sich Misthaufen von bis zu einem Meter Höhe bilden.

▲ Wie der Wolf markiert auch der Haushund sein Revier* mit Kot* und Urin*. Während die Rüden* beim Spaziergang an Hecken und Bäumen ihr Bein heben, setzen sich die Weibchen hin.

▼ *Flusspferde sind in den afrikanischen Seen und Flüssen weit verbreitet. Um sich in ihrem Revier* zu orientieren, verteilen sie ihren Dung* durch kreisende Schwanzbewegungen.*

Wer hat wohl hier hingemacht?

Spaziert man durch Wald und Wiese, trifft man häufig auf die Hinterlassenschaften von Tieren. Anhand der Losung*, wie der Jäger es nennt, kann man erkennen, welches Tier hier hingemacht hat und was es gefressen hat. So findet man im Kot* eines Igels vorwiegend Insektenreste und im Herbst kommen auch Beerenreste dazu. Werden stark gefärbte Beeren gefressen, wie zum Beispiel Heidelbeeren, nimmt auch die Losung diese Farbe an. Je größer ein Tier ist, desto größer ist natürlich auch der Kothaufen, den es hinterlässt. Manche Tiere lassen lauter kleine Kügelchen fallen, andere machen einen großen Haufen. Weißt du wer hier hingemacht hat?

Das Faultier klettert nur einmal pro Woche von seinem Baum, um sein Geschäft zu verrichten. Da es sich nur langsam bewegt, braucht es eine ganze Stunde, um vom Baum bis auf den Boden zu kommen.

Katze

Kaninchen

Kuh

Vogel

Hirsch

Pferd

Hund

Glossar

Barteln
Fäden im Maulbereich eines Fisches. Mit ihnen können Fische schmecken und tasten.

Duftmarken
Tiere können sich mit Hilfe von Düften verständigen. Hierfür verwenden sie Kot, Urin und Duftstoffe, die von bestimmten Drüsen am After abgesondert werden.

Dung
Als Dung bezeichnet man den Kot von Pflanzenfressern, vor allem von Huftieren wie Pferden oder Kühen.

Erbgut
Der menschliche Körper ist aus sehr vielen kleinen Zellen aufgebaut. In fast jeder Zelle befindet sich das Erbgut, sozusagen eine komplette Bauanleitung des Körpers.

Facettenauge/Komplexauge
Augentyp, der zum Beispiel bei Insekten vorkommt. Besteht aus vielen einzelnen Augen mit eigener Linse.

Flehmen
Viele Tiere können auch mit dem am Gaumen liegenden Jacobsonschen Organ riechen. Beim Flehmen öffnen sie ein wenig ihr Maul, strecken die Zungenspitze heraus und atmen den Geruch ein.

Geruchssinn
Mit dem Geruchssinn nimmt man Gerüche und Düfte wahr; zum Beispiel mit der Nase.

Geschmacksknospen/-sinneszellen
Geschmacksknospen bzw. Geschmacks-sinneszellen sitzen in der Mundschleimhaut von Wirbeltieren. Geschmacksknospen sehen einer Zwiebel ähnlich, Geschmackssinneszellen sind lang und schlank. Mit ihnen können wir unterschiedliche Dinge schmecken.

Gliederfüßer
Gliederfüßer sind Tiere, die keine Knochen haben, sondern einen festen Panzer. Er besteht, wie eine Ritterrüstung, aus einzelnen Teilen, den Gliedern. Zu ihnen gehören zum Beispiel Insekten, Spinnen und Krebstiere.

Gründeln
Wasservögel nehmen ihre Nahrung am Grund von Gewässern auf – sie gründeln. Dabei kippt der Vogel nach vorne über, sodass der Kopf unter Wasser ist und er den Teichboden nach Fressen absuchen kann.

Haftlamellen
Eine dünne, lange Scheibe wird auch als Lamelle bezeichnet. Geckos besitzen sehr viele feine Lamellen an ihren Füßen. Mit ihnen können sie sogar an glatten Oberflächen haften.

Harn/Urin
Harn oder Urin sind flüssige Ausscheidungen von Wirbeltieren. Der Harn ist normalerweise eine klare, fast farblose bis dunkelgelbe Flüssigkeit.

Horn
Horn ist eine harte Substanz, die von der Haut gebildet wird. Sie besteht hauptsächlich aus abgestorbenen, verhornten Zellen.

Jacobsonsches Organ
Ein Riechorgan, das bei vielen Wirbeltieren zusätzlich zur Nase vorkommt und sich am Gaumendach befindet. Säugetiere können mit ihm vor allem Duftstoffe von männlichen bzw. weiblichen Partnern riechen.

Kot
Essensreste, die vom Körper nicht verdaut werden, werden als Kot wieder ausgeschieden.

Lichtsinneszellen
Zellen, mit denen manche Tiere hell und dunkel unterscheiden können.

Losung
So heißt in der Jägersprache der Kot von Wildtieren.

Magensteine
Viele Pflanzen fressende Vögel nehmen mit der Nahrung auch Steine auf. Im Magen reiben diese aneinander und zerkleinern so die Nahrung.

Paarung/Paarungszeit
Paarung nennt man den Vorgang, bei der das männliche Tier seine Geschlechtszellen in den Körper des weiblichen Tieres überträgt. Dabei können Junge gezeugt werden.

Raspelzunge
Die Raspelzunge ist wie ein schmales Band geformt, auf dem viele kleine Zähne sitzen. Mit ihr können Schnecken den Salat nicht abbeißen, sondern abschaben.

Raubtiere
Raubtiere ernähren sich vorwiegend vom Fleisch anderer Tiere. Zu ihnen gehören Landraubtiere, wie zum Beispiel Katzen und Hunde und Wasserraubtiere, wie Robben.

Revier
Jedes Tier ist in einem bestimmten Gebiet zu Hause, in dem es lebt und jagt. Die Grenzen dieses Reviers markiert das Tier mit Duftmarken. Die Größe eines Reviers ist von Tier zu Tier unterschiedlich.

Rüde
Bei Fuchs, Wolf, Dachs und anderen Landraubtieren heißt das männliche Tier Rüde.

Säugetiere
Säugetiere sind Tiere, die ihren Nachwuchs säugen. Das heißt, sie ziehen ihn mit Muttermilch groß. Säugetiere haben meist ein Fell.

Schallwellen
Schallwellen werden von unserem Ohr als Geräusche oder Töne wahrgenommen.

Scheinaugen
Zur Abschreckung von Feinden haben Raupen und Schmetterlinge häufig Zeichnungen, die aussehen wie echte Augen.

Schwimmhäute
Haut zwischen den Zehen bzw. Fingern von Tieren, die viel Zeit im Wasser verbringen.

Sinnesorgane
Organe, die Reize aus der Umwelt aufnehmen und in das Gehirn weiterleiten. Dazu gehören zum Beispiel Augen und Ohren.

Tastsinn/Tasthaare
Über den Tastsinn auf der Haut nimmt man Druck, Berührung und Bewegungen wahr. Viele Säugetiere haben zusätzlich Tasthaare, mit denen sie sogar leichte Luftbewegungen wahrnehmen können.

Ultraschalltöne
Sehr hohe Töne, die der Mensch nicht wahrnehmen kann. Je nachdem auf welches Material sie treffen, werden sie von diesem zurückgeworfen oder verschluckt.

Umami
Eine Geschmacksrichtung, die der Mensch neben süß, sauer, salzig und bitter schmecken kann. Kommt in Milch, Käse und Fleisch vor.

UV-Licht
Ein Licht, das von vielen Tieren gesehen wird, aber nicht vom Menschen.

Wirbeltiere
Tiere, die eine Wirbelsäule haben.

Quiz für Tier-Experten!

Wer hat eine große gurkenförmige Nase? 15

Woran erkennt der Falke, dass es auf einer Wiese viele Mäuse gibt? 25

Warum hat der Afrikanische Elefant so große Ohren? 36

Welches Tier verspritzt mit seinem Popo eine streng riechende Flüssigkeit? 66

Warum hat der Ameisenbär so eine klebrige Zunge? 61

Welches Tier kann sich kopfüber an einer Glasscheibe festhalten? 48

Welche Tiere sind mit dem Elefant verwandt? 16

Wer schlägt seine Feinde mit Scheinaugen in die Flucht? 22

Welches Tier hört mit den Knien? 34

Bei welchem Tier sitzen die Augen auf zwei langen Stielen? 27

Welche Katze hat bis zu 10 cm lange Krallen? 47

Wer findet mit seiner Nase den Ort seiner Geburt? 12

Wer hat als einziges Säugetier einen Schnabel? 56

Wer läuft jeden Tag sein Revier ab und hinterlässt große Mengen an Dung? 70

Welcher Vogel kann sich mit sehr hohen Klicklauten im Dunkeln orientieren? 40

Wer kann gleichzeitig über und unter Wasser sehen? 27

Welcher Schmetterling sieht aus wie ein Kolibri? 59

Welches Tier kann bei Gefahr über das Wasser fliehen? 48

Wie oft klettert das Faultier von seinem Baum? 72

Auch Experten können nicht alles wissen!
Wenn du die Antwort nicht weißt, schau im Buch nach.

Weitere spannende Sachbuchreihen aus dem Esslinger Verlag:

Meine große Tierbibliothek

Mit spannenden Sachtexten und tollen Fotos zum Staunen!

Die Biene
Das Eichhörnchen
Der Eisbär
Der Elefant
Der Fuchs
Der Pinguin
Das Pferd
Der Regenwurm
Das Reh
Der Schmetterling
Die Spinne
und viele andere ...

Erlebe deine Welt

Alles rund um die Natur

Die große Welt der Krabbeltiere
Bei den Bienen
Alles über Obst & Gemüse
Rund ums Wetter
und viele andere ...

Mein erstes Lexikon ...

Unsere Welt – für Kinder erklärt

Mein erstes Lexikon der Tiere
Mein erstes Lexikon der Natur
Mein erstes Lexikon der Meere
Mein erstes Lexikon der Pferde

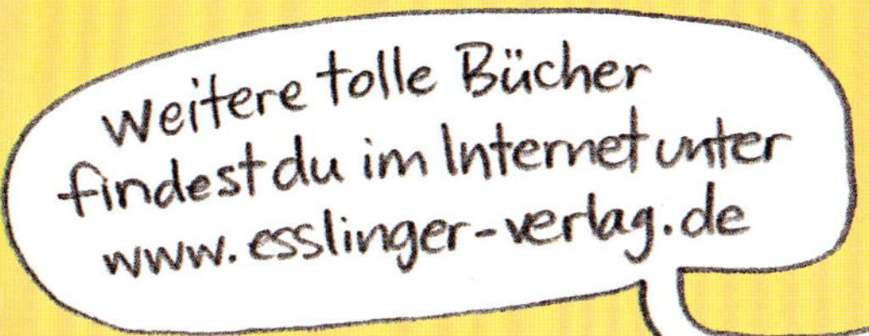

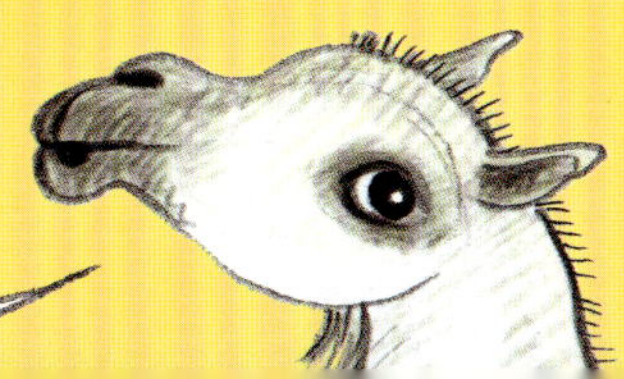

Bildnachweis

© Alamy
Kevin Schafer: S. 40 (u.)

© Alamy/Image State
Martin Rügner: Titelfoto (o.)

© Blickwinkel
A. Hartl: S. 12 (o.), McPhoto: S. 17 (o.), Hecker/Sauer: S. 27 (o.), Meyers: S. 39 (u.), Layer: S. 39 (o.), WILDLIFE GmbH: S. 48 (o.), F. Hecker: S. 55 (o.), J. Hauke: S. 56 (Mitte), Woike: S. 57, H. Schmidbauer: S. 59 (o.), M. Woike: S. 70

© Dr. M. Nickel: S. 16 (o.), S. 34 (o.) und S. 34 (Mitte)

© imagebroker
Hans Lang: S. 22 (u.)

© IStock
Nick Tzolov: Titelfoto (u.r.), MidwestWilderness: Titelfoto (u.l.) und S. 4, jclegg photography: Titelfoto (u.r.), Szente Ákos: S. 6/7, John Young: S. 10, Jason Mann: S. 11 (o.), Emmanuelle Bonzami: S. 12 (u.l.), Chuck Babbitt: S. 12 (Mitte), Siri Groenskar: S. 13 (r.), Michelle Buurman: S. 14 (o.), Nancy Nehring: S. 14 (u.), Shane White: S. 15 (o.), Hedda Gjerpen:S. 16 (u.), Tammy Wolfe: S. 17 (u.), Andy Gehrig: S. 18/19, Eric Coia: S. 20, Mark Kostich: S. 21 (o.), Alexei Zaycev: S. 22 (o.), Mike Dabell: S. 23, Dmitry Rukhlenko: S. 23 (o.r.), Evelyn Peyton: S. 25 (r.), Pauline Mills: S. 25 (u.), Holger Mette: S. 26 (o.), creacart: S. 26 (u.), arlindo71: S. 27 (u.), Eric Isselée: S. 27 (Mitte), Matthias Lenke: S. 28 (u.), arlindo71: S. 29, Mark Baskett: S. 32, Chip Clark: S. 33 (o.), Gabriela Schaufelberger: S. 34 (u.), Stephen Meese:S. 35 (o.), Eric Isselée: S. 35 (u.), Jim Jurica: S. 36 (l.), Timothy Goodwin: S. 36 (Mitte), Flavia Bottazzini: S. 36 (r.), Karel Broz: S. 36/37, Jurie Maree: S. 37 (o.), Stephen Muskie: S. 38, George Burba: S. 40 (o.), Adam White:S. 41, Stacey Bates: S. 43, khr128: S. 44 (o.), Brent Bossom: S. 44 (u.), Marianne Guntow: S. 44 (l.), Hans-Walter Untch: S. 45 (o.), adisa: S. 45 (r.), Mark Wilson: S. 46 (r.), Eric Isselée: S. 46 (l.), Sue McDonald: S. 47 (o.), Bryan Faust: S. 47 (u.), Stephan Hoerold: S. 48/49 (o. Mitte), AdiniMalibuBarbie: S. 50/51 (o.), Victor Burnside: S. 50/51 (u.), mbagdon: S. 51 (o.), Dawn Johnston: S. 51 (Mitte u.), Chris Pollack: S. 51 (u.r.), Dieter Hawlan: S. 51 (l.), Stephanie Horrocks: S. 42 u. S. 9 (o.), Yan Gluzberg:S. 52, Grafissimo: S. 53 (o.), Cristian Marin:S. 54 (o.), Dmitry Ersler: S. 54 (u.), arlindo71: S. 54 (Mitte), Halima_Halima: S. 55 (u.), Eric Isselée: S. 56 (l.), Daniel Cardiff: S. 56 (o.), Ryan Saul: S. 56 (u.), Cathy Keifer: S. 58, Adrian Colegate: S. 59 (u.), Yufeng Zhou: S. 60 (l.), Michael Chen: S. 60/61, Dean Pennala: S. 62/63, Martin Vallière: S. 64, Joe Gough: S. 65 (o.), Chris Howland: S. 66 (o.), Geoff Kuchera: S. 66 (u.), Eric Isselée: S. 66 (l.), Cathleen Abers-Kimball: S. 67 (o.), Liz Leyden: S. 67 (r.), Cheryl Quigley: S. 68 (o.), Julie Vader: S. 68 (l.), William Holderness: S. 68 (Mitte), hose_bw: S. 69 (o.l.), Devon Stephens: S. 69 (o.r.), Thomas Maier: S. 69 (u.r.), Michael Klenetsky: S. 69 (u.l.), Rick Hyman: S. 71 (o.), Hansjoerg Richter: S. 71 (u.), Ron Bessems: S. 72 (o.), Emma Holmwood: S. 72/73, creacart: S. 73 (o.), Roger Whiteway: S. 73 (Mitte r.), Richard Goerg: S. 73 (u.r.), Bruce Lonngren: S. 73 (u. Mitte), James Pauls: S. 73 (u.l.)

© Juniors Bildarchiv
H. Schmidbauer: S. 15 (u.), W. Layer: S. 48/49, R. Maier: S. 49 (o.r.)

© NHPA /Jupiterimages: S. 48 (l.)

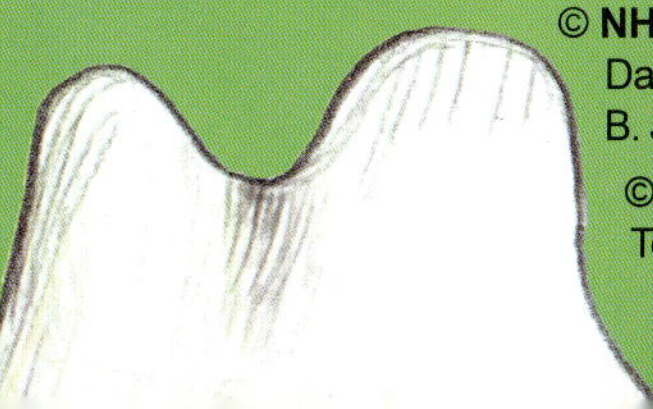

© NHPA/Photoshot
Daniel Heuclin: S. 30/31, B. Jones & M. Shimlock: S. 30 (u.)

© Shutterstock
Tomasz Pietryszek: S. 24/25